हम सब हिन्दुस्तानी

प्रकाश पण्डित

शिक्षा भारती

₹ 35

संस्करण : 2018

HAM SAB HINDUSTANI (Play)

by Prakash Pandit

मुद्रक : जी. एस. ऑफसेट, दिल्ली

शिक्षा भारती

1590, मदरसा रोड, कश्मीरी गेट, दिल्ली-110006

पात्र-परिचय

1. पण्डित जी	: पण्डित भगवती प्रसाद
2. पण्डितायन	: पण्डित जी की पत्नी
3. मिर्ज़ा जी	: मिर्ज़ा अशरफ़ुल्लाह बेग
4. बेगम	: मिर्ज़ा जी की पत्नी
5. जमाल	: मिर्ज़ा जी का बेटा
6. सरदार सरदूल सिंह	: सीतल बैंक का मैनेजर
7. सेठ धर्मदास	
8. सीतल बैंक का वर्दीधारी चपरासी	

पहला दृश्य

[पर्दा उठने पर पण्डित भगवती प्रसाद के घर का दृश्य। मंच तीन भागों में बंटा है। बीच में एक बड़ा कमरा है, जिसमें मेज़-कुर्सियों आदि के अलावा एक चारपाई भी है; जिस पर पण्डित जी सो रहे हैं। इस कमरे के एक ओर घर के बाहर की दीवार है, जिसमें दरवाज़ा लगा है। दूसरी ओर रसोईघर है, जिसमें पण्डित जी की पत्नी सिल पर बट्टे से मसाला पीस रही है। पर्दा उठने के साथ ही बाहर के दरवाज़े की कुंडी हिला-हिला कर मिर्ज़ा अशरफुल्लाह बेग कहते हैं।]

मिर्ज़ा जी : **भगवती प्रसाद! अरे भई भगवती प्रसाद! पण्डित जी–अजी ओ पण्डित जी महाराज!** (पहली आवाज़ कान में पड़ते ही पण्डित जी की पत्नी चौंक कर बट्टा छोड़ देती है और अपनी साड़ी का पल्लू ठीक करती हुई बड़े

कमरे में आकर पण्डित जी के सिरहाने खड़ी हो जाती है। पण्डित जी खर्राटे ले रहे हैं)

पण्डितायन : **अजी मैंने कहा, अब उठ भी जाओ। देखो, बाहर मिर्ज़ा जी किवाड़ कूट रहे हैं।**

पण्डित जी : (सोते में–करवट बदल कर) ऊँ...हूँ...!

मिर्ज़ा जी : (दरवाज़ा खटखटाते हुए) **अमां कोई खोलेगा दरवाज़ा या लाऊँ पेचकस घर से और करूँ कब्ज़े ढीले...**

पण्डितायन : (पण्डित जी का कँधा हिलाकर) **मैंने कहा, बाहर मिर्ज़ा जी किवाड़ तोड़े डाल रहे हैं। उठो क्या घोड़े बेचकर सो रहे हो।**

पण्डित जी : (फिर करवट बदलकर) ऊँ...हूँ...**क्या मुसीबत है, सुबह-सुबह! सोने दो मुझे।**

मिर्ज़ा जी : (उसी तरह दरवाज़ा खटखटाते हुए) **अमां दरवाज़ा खोलो। चिल्ला-चिल्ला कर मेरा तो गला भी सूख गया है।**

पण्डितायन : (ऊँची आवाज़ में) **आई मिर्ज़ा जी!**

(पण्डितायन दरवाज़ा खोलती है)

मिर्ज़ा जी : **आदाब भाभी। यह भगवती प्रसाद आज कहाँ चला गया सुबह-सुबह?**

पण्डितायन : **जी अंदर पड़े सो रहे हैं।**

मिर्ज़ा जी : (हैरानी से) **सो रहा है!** (पण्डित जी की चारपाई की ओर बढ़ते हुए) **हद है साहब! ऐसा मनमौजी आदमी भी हमने नहीं देखा। सूरज सवा नेज़े पर आ गया और हज़रत अभी तक टांगे पसारे पड़े हैं।** (कुर्सी खींच कर चारपाई के सिरहाने लाते हैं और उस पर बैठते हुए कहते हैं) **ऐ मियां अब उठ भी जाओ...**

पण्डित जी : **ओ...हो...सोने भी दो यार...क्या सुबह-सुबह...** (पण्डितायन पुनः रसोईघर में जाकर मसाला पीसने लगती है)

मिर्ज़ा जी : **सुबह-सुबह! तो हुज़ूर के ख़याल में अभी यह अलस्सुबह है। सारी दुनिया काम-धंधे पर जा चुकी। दोपहरी सर पर आ रही है और जनाब अभी तक नूर का तड़का समझे हुए हैं। ख्वाबों में परियाँ पर फैलाए उड़ाने भर रही हैं। मैं कहता हूँ उठ जाओ सीधे-सभाओ वर्ना...**

पण्डित जी : **फिर वही। क्या मज़ाक है जी! नींद तो पूरी करने दो मुझे।**

मिर्ज़ा जी : **वाह मेरे शेर! चौसर से उठकर शाम के सात बजे ही बिस्तर में घुस जाते हो और सुबह**

के दस बजे तक तुम्हारी नींद अभी अधूरी रहती है! मैं कहता हूँ उठ जाओ चुपचाप वर्ना उलटता हूँ तुम्हारी चारपाई...

पण्डित जी : (झुँझला कर जम्हाई लेकर उठते हुए) हद है मिर्ज़ा! मैं तुमसे पचास बार कह चुका हूँ, किसी हकीम को दिखाओ, तुम्हें नींद न आने की बीमारी है।

मिर्ज़ा जी : और मैं तुमसे पाँच सौ बार कह चुका हूँ कि तुम किसी हकीम को दिखाओ, तुम्हें ज़्यादा नींद आने की बीमारी है।

पण्डित जी : यह कोई बीमारी नहीं, सेहत की निशानी है। तुम्हारी सेहत इसीलिए खराब रहती है मिर्ज़ा कि तुम सुबह-सवेरे मुँह अँधेरे...

मिर्ज़ा जी : बहुत खूब! यह मुँह अँधेरा है (ऊँची आवाज़ में) भाभी!

पण्डितायन : (रसोईघर से) जी मिर्ज़ा जी!

मिर्ज़ा जी : क्या बजा है भाभी?

पण्डितायन : (अपनी कलाई घड़ी देखकर) जी साढ़े दस बज रहे हैं।

मिर्ज़ा जी : सुना जनाब! साढ़े दस बजे रहे हैं और हज़रत के ख़याल में अभी आधी रात का चाँद भी

नहीं निकला। खैर से जवान-जहान बेटे के बाप हो। कल को बहू घर में आएगी तो उसके सामने भी भरी दोपहरी तक टाँगें पसारे पड़े रहना।

पण्डित जी : (जम्हाई लेते हुए) ख़ैर जी देखा जाएगा। तुम अपनी सँभालो। बताओ कैसे आना हुआ सुबह-सुबह?

मिर्ज़ा जी : फिर वही सुबह-सुबह। मैं पूछता हूँ तुम्हारी सुबह क्या साढ़े दस बजे होती है?

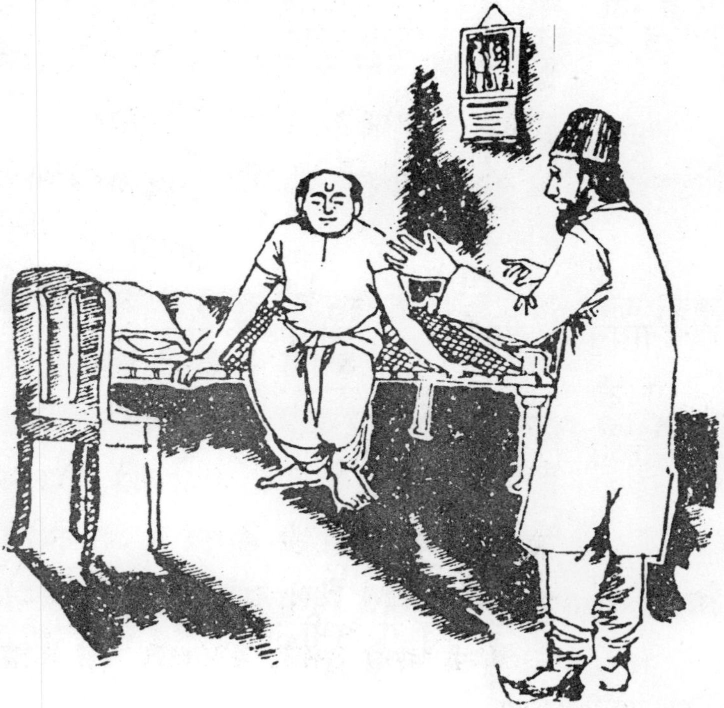

पण्डित जी : साढ़े दस नहीं, मेरी सुबह साढ़े बारह बजे भी हो सकती है। फ़र्माइए आपको क्या एतराज़ है। तुम्हारी तरह नहीं हूँ कि अभी चिड़िया तक चहचहाना शुरू नहीं करतीं कि तुम लंगर-लंगोट कस के पहले अपने पूरे कुनबे को बिस्तरों में से खींच कर ज़मीन पर खड़ा कर देते हो और फिर सुहानी सुबह की घोषणा करने पड़ोसियों के यहाँ उठ दौड़ते हो। मैं कहता हूँ...

मिर्ज़ा जी : मेरा ख़याल है भगवती प्रसाद, तुम इस वक्त कुछ न हो, वर्ना मैं हाथ छोड़ बैठूँगा—आदमी दुनिया में सोने के लिए नहीं आया।

पण्डित जी : तो क्या पड़ोसियों की नींद हराम करने आया है?

मिर्ज़ा जी : अमां ख़ुदा के नेक बंदे सुबह उठकर खुदा का नाम लेते हैं। अपनी आक़वत सँवारते हैं।

पण्डित जी : ज़रूर लेते हैं—और ज़रूर अपनी आक़बत सँवारते हैं, अगर ख़ुदा के नेक बन्दों को ख़ुदा का नाम लेने से पहले ही शैतान न आ दबोचे।

मिर्ज़ा जी : शैतान! लाहौल विला कुव्वत (ऊँची आवाज़ में) सुना भाभी तुमने, कमबख्त मुझे शैतान

कहता है। अभी मुँह पर एक झापड़ रसीद करूँगा तो..

पण्डित जी : तो मिर्ज़ा तुम सुबह-सुबह लोगों को परेशान करते ही क्यों हो?

मिर्ज़ा जी : लोग! अच्छा तो अब तुम हमारे लिए–लोग हो गए! लानत है मुझपर। तुफ़ है जो अब कभी तुम्हारी दहलीज़ पर क़दम रख जाऊँ। बुज़ुर्गों के पड़ोस और आधी सदी की दोस्ती के बाद हम तुम्हारे लिए तुम (शब्द खींचकर) लोग हो गए।

पण्डितायन : (रसोईघर से निकलकर पास आते हुए) आप तो मिर्ज़ा जी बेकार ख़फ़ा होते हैं। इनकी आदत तो आप जानते ही हैं।

मिर्ज़ा जी : मैं कुछ नहीं जानता भाभी। बड़ा बोल मुँह से निकालते हुए आदमी को अल्लाह से डरना चाहिए। कुछ ख़ौफ़े-ख़ुदा नहीं इस शख्स को। मैं तो इक ज़रा उस छोकरे जमाल के लिए चला आया। खबर होती कि मनहूस के मुँह से ऐसी बातें सुनने को मिलेंगी तो पहले जमाल का गला घोंटता, उसके बाद यहाँ आता।

पण्डित जी : (हैरानी से) जमाल!

पण्डितायन : भगवान न करे—जमाल बेटे की तबीयत तो ठीक है ना मिर्ज़ा जी!

मिर्ज़ा जी : तबियत तो उस नालायक की हमेशा ठीक रहती है भाभी! लेकिन जब से उसने हायर सेकण्ड्री का इम्तिहान पास किया है और लँडोरों की तरह गली-गली कुदकड़े लगाता फिरता है, मेरी तबियत ठीक नहीं रहती।

पण्डित जी : आख़िर पता भी तो चले जमाल को...

मिर्ज़ा जी : तुम मुझसे बात मत करो जी। आज तक तुम्हारे नाज़-नख़रे बर्दाश्त करता रहा हूँ। साथ खेले का तक़ाज़ा था कि ख़ामोश रहा वर्ना इन बूढ़ी हड्डियों में अब भी इतना दम-ख़म है कि...

पण्डित जी : अच्छा भई, माफ़ कर दो। बड़े जवांमर्द हो... मेरा मतलब है कि बड़े शहज़ोर पट्ठे हो। जानते तो हो कि जब कोई मुझे सुबह-सुबह जगा देता है तो...

मिर्ज़ा जी : सुबह-सुबह! यानी अभी तक तुम इस वहम में पड़े हो कि मैंने तुम्हें कच्ची नींद से जगा दिया है!

पण्डित जी : **ख़ैर छोड़ो। बताओ कैसे आना हुआ? चाय पियोगे?**

पण्डितायन : **हाँ मिर्ज़ा जी! चाय पीजिएगा?**

मिर्ज़ा जी : **रहने दो भाभी, बहुत पी ली मैंने चाय!**

पण्डित जी : **अमां जाने भी दो मिर्ज़ा** (पत्नी से) **तुम चाय बनाओ जी। देखता हूँ, कैसे नहीं पीता।**

(पण्डितायन फिर रसोईघर में चली जाती है)

मिर्ज़ा जी : **मैं कहता हूँ, मैं हरगिज़ चाय नहीं पिऊँगा। तुम जैसे बदतमीज़ के यहाँ चाय पीना मैं अपनी और चाय दोनों की तौहीन समझता हूँ।**

पण्डित जी : **मेरे यहाँ चाय पीना तुम अपनी और चाय दोनों की तौहीन समझते हो?**

मिर्ज़ा जी : **बिलकुल।**

पण्डित जी : **तो मैं तुम दोनों की तौहीन करूँगा।**

(दोनों हँसते हैं—हँसते-हँसते पण्डित जी कहते हैं)

पण्डित जी : **वैसे मिर्ज़ा, तुम हो वाकई मुरादाबादी लोटे।**

मिर्ज़ा जी : (गम्भीर होकर) **क्या मतलब?**

पण्डित जी : **मतलब यह कि मेरी तरह तुम भी मुरादाबाद के रहने वाले हो और मुरादाबाद के लोटे बहुत मशहूर हैं।**

मिर्ज़ा जी : **फिर तो तुम भी मुरादाबादी लोटे हुए।**

पण्डित जी : **इसमें क्या शक है।**

(दोनों फिर ज़ोर से हँसते हैं)

(उसी तरह हँसते हुए) **लेकिन तुम बेपेंदे के हो। खैर, तुमसे मैं बाद में निबट लूँगा। पहले जमाल की बताओ! क्या बात थी? क्या कहीं से बुलावा आया?**

मिर्ज़ा जी : **ख़ाक़ बुलावे आएँगे मियां! मेरा तो इस लौंडे की बेकारी के हाथों नाक में दम आ गया।**

पण्डित जी : **हाँ मिर्ज़ा, नौकरियों की हालत आजकल ऐसी ही है। बहुत आसामियां निकल रही हैं लेकिन तुम जानो–एक खेप में तो सब समा नहीं सकते। हमारे रामावतार की तरफ़ ही देखो। कहाँ-कहाँ उसके लिए मैंने जूतियाँ नहीं चटख़ाईं। जिसकी सूरत तक देखना गवारा न था, उसके तलवे चाटे लेकिन...**

मिर्ज़ा जी : **तुम तो मियां फिर भी झेल सकते हो। अल्लाह का दिया सब कुछ है। उम्र भर बाप ने हाथ-पैर नहीं हिलाए तो औलाद क्यों हिलाएगी! इस पर इकलौता है। जितने दिन फ़ारिग़ रहेगा, हाथ-पैर ही निकलेंगे। हमारी तरह पलटन की**

पलटन तो है नहीं। इस पर घर की जो हालत है, तुमसे छुपी नहीं। बेगम बेचारी दसों मर्तबा तुम्हारे यहाँ आने को कह चुकी है, मगर सच पूछो तो बेचारी के पास काम का बुर्क़ा तक नहीं कि घर से कदम निकाले...

पण्डित जी : (क्रोध से) और तुम सिर्फ़ मुझसे कुश्ती लड़ना जानते हो। हाथ-पैर हिलाना तो जैसे तुम्हारी शान के ख़िलाफ़ है।

मिर्ज़ा जी : क्या अर्ज़ करूँ मियां! हाथ-पाँव अब इस क़ाबिल ही नहीं रहे; वर्ना तुम जानते हो इन्हीं हाथों से हज़ारों कमाए और हज़ारों लुटाए। अब बड़ा ख़ैर से जवान हो गया है। तालीमयाफ़्ता भी है। आज नहीं तो कल, नहीं तो परसों–कभी तो उसकी नौकरी की सबील बनेगी।

पण्डित जी : क्यों नहीं, क्यों नहीं।

मिर्ज़ा जी : दरअसल मैं आया भी इसी सिलसिले में था।

पण्डित जी : तो क्या जमाल की नौकरी का कोई सिलसिला बना?

मिर्ज़ा जी : बना तो नहीं, लेकिन अल्लाह ने चाहा तो

अब बन जाएगा। एक बार तुमने कहा था, तुम सीतल बैंक के मैनेजर को जानते हो।

पण्डित जी : **हाँ-हाँ, उससे तो हमारे ख़ानदानी तालुक़ात हैं।**

मिर्ज़ा जी : **बस तो फिर समझो, बन गया। उसके यहाँ एक क्लर्क की आसामी ख़ाली हुई है। तुम ज़रा जमाल को अपने साथ ले जाओ। मैं समझता हूँ, तुम्हारे कहने भर से...**

पण्डितायन : (जो मिर्ज़ा जी की बात सुनकर चौंक पड़ती है और दीवार से कान लगाकर उनकी बातें सुन रही होती है—अर्थ-पूर्ण ढंग से सिर हिलाकर ऊँची आवाज़ में कहती है) **जी मैंने कहा, ज़रा सुनो तो।**

पण्डित जी : (ऊँची आवाज़ में—रसोई की ओर मुँह करके) **आता हूँ।** (फिर मिर्ज़ा से) **मैं अभी आया मिर्ज़ा!**

(पण्डित जी रसोईघर में जाते हैं)

पण्डित जी : **कहो, क्या बात है?**

पण्डितायन : (दबी आवाज़ में) **मैंने कहा, अपना रामावतार साल भर से बेकार बैठा है—और तुम लखलुट बने जा रहे हो।**

पण्डित जी : **क्या मतलब?**

पण्डितायन : मतलब-वतलब मैं कुछ नहीं जानती। सीतल बैंक में जगह निकली है तो सोचो, ऐसा मौक़ा फिर कब हाथ आएगा।

पण्डित जी : (कुछ सोचकर) हूँ! बात तो तुम ठीक कहती हो।

पण्डितायन : ठीक कहती हूँ तो ठीक ही होनी चाहिए। तुम अभी चाय पीकर सीधे वहाँ जाओ और अपने रामावतार के लिए...

पण्डित जी : लेकिन मिर्ज़ा क्या कहेगा? वह तो...

पण्डितायन : दूसरों की सहायता उसी समय अच्छी लगती है राजा भोजराज—जब आदमी अपनी सहायता के योग्य हो। साल भर से लड़का मारा-मारा फिर रहा है और तुम्हारे कान पर जूँ तक नहीं रेंगती। अब अगर भगवान ने मौक़ा निकाला है तो...

पण्डित जी : (सोचकर) अच्छी बात है। तुम चाय बनाओ, मैं अभी मिर्ज़ा से साफ़-साफ़ कहे देता हूँ कि...

पण्डितायन : ओहो, ढंग से बात करनी तुम्हें कभी न आई। साफ़-साफ़ कहने की क्या ज़रूरत है। बस टाल दो।

पण्डित जी : **वह टलने वाली चीज़ नहीं है भागवान!**

पण्डितायन : **तो क्या हमने किसी का ठेका ले रखा है। जान है तो जहान है।**

मिर्ज़ा जी : (रसोईघर की ओर मुँह करके ऊँची आवाज़ में) **अमां पण्डित, वहाँ जाकर फिर सो गए क्या? आऊँ जगाने?**

पण्डित जी : (ऊँची आवाज़ में) **आ रहा हूँ मिर्ज़ा!** (फिर पत्नी से धीमी आवाज़ में) **देखो, आज दिन**

में किसी वक्त तुम मिर्ज़ा की बीवी से मिल आना। बेचारी कई दिनों से पूछ रही है। यों भी आज...

मिर्ज़ा जी : (उसी प्रकार रसोईघर की ओर देखकर, ऊँची आवाज़ में) **अमां अब आ भी जाओ–भाभी क्या चोरी-चोरी मक्खन और बादाम चटा रही है तुम्हें!**

पण्डित जी : (आते हुए) **बड़े बेसब्रे हो जी। तुम्हारी भाभी तो सिर्फ यही पूछ रही थी कि चाय के साथ कुछ खाने को बना दूँ।**

मिर्ज़ा जी : (ऊँची आवाज़ में) **नहीं भाभी! चाय के लिए भी तुम बेकार तकल्लुफ़ कर रही हो। मैं घर से नाश्ता करके आ रहा हूँ।**

पण्डितायन : (ऊँची आवाज़ में) **जी, अच्छा मिर्ज़ा जी।**

मिर्ज़ा जी : **सुनो जब तक चाय आती है, तुम नहा-धोकर कपड़े बदल लो। इत्ते में मैं जाकर जमाल को तैयार करवाए देता हूँ। नेक काम में देर नहीं करनी चाहिए।**

पण्डित जी : **वह तो ठीक है, लेकिन बात यह है मिर्ज़ा कि...**

मिर्ज़ा जी : (गम्भीर होकर) **क्या बात है?**

पण्डित जी : **पण्डित तोताचश्म है कमबख्त। कटी उँगली पर फूँक तक नहीं मारता।**

मिर्ज़ा जी : **किसकी बात करते हो?**

पण्डित जी : **उसी सीतल बैंक के मैनेजर की और किस की। फिर हमारे बाबा के ज़माने में कुछ मन-मुटाव भी हो गया था। मैं समझता हूँ...**

मिर्ज़ा जी : **तुम नहीं भगवती प्रसाद मैं समझता हूँ–और खूब समझता हूँ कि तुम्हारी नीयत में फ़ुतूर आ गया है। खोट भरा हुआ है तुम्हारे दिल में। मुँह पर तुम कुछ और कहते हो और दिल में तुम्हारे कुछ और होता है।**

पण्डित जी : **लेकिन मैं तो...**

मिर्ज़ा जी : **खैर जी, कोई बात नहीं। जिसने पैदा किया है वह पेट में दाना भी डालेगा। हमने कौन ऐसे गुनाह किए हैं कि लड़के को ज़िन्दगी भर नौकरी नहीं मिलेगी। अच्छा!** (दरवाज़े की ओर बढ़ते हुए) **भाभी से मेरा सलाम कह देना। अल्लाह तुम लोगों को खुश रखे।**

पण्डित जी : **लेकिन चाय...मिर्ज़ा चाय तो पीते जाओ... ज़रा मेरी बात तो सुनो मिर्ज़ा...**

(मिर्ज़ा जी इस बीच दरवाज़े से बाहर निकल जाते हैं। उनके जाने के साथ-साथ पर्दा गिरता है)

दूसरा दृश्य

[पर्दा उठने पर सीतल बैंक के मैनेजर सरदार सरदूलसिंह के कमरे का दृश्य। एक बहुत बड़ी मेज़ के पीछे घूमने वाली कुर्सी पर मैनेज़र साहब बैठे हैं। मेज़ के दाईं ओर फ़ाइलों का ढेर और टेलीफ़ोन पड़ा है—जिसका चौंगा उठाए सरदूलसिंह बातें कर रहे हैं। मेज़ के इर्द-गिर्द पड़ी तीन-चार कुर्सियों में से एक पर पण्डित भगवती प्रसाद बैठे चाय पी रहे हैं। उनके दायें हाथ के कुछ फ़ासले पर खिड़की है जो बाहर बाज़ार की ओर खुली हुई है]

सरदूलसिंह : (टेलीफ़ोन पर) **जी हाँ सा'ब, वह तो ठीक है लेकिन मेरी इ़ज्ज़त का सवाल है। जी? जी हाँ, वह मैं कर लूँगा। हाँ, हाँ—यह बात तो है सा'ब—अच्छी बात है, मैं दो घंटे बाद आपको फिर याद दिला दूँगा।**

(टेलीफ़ोन का चोंगा रखकर भगवती प्रसाद से)

सरदूलसिंह : वह तो पण्डित जी, मैं अपनी तरफ़ से पूरी कोशिश करूँगा लेकिन मेरी मजबूरी की वजह से अगर...

पण्डित जी : मजबूरी! इस मामूली से काम में तुम्हारी क्या मजबूरी हो सकती है?

सरदूलसिंह : बता तो चुका हूँ पण्डित जी कि बैंक पंजाबियों का बल्कि सिक्खों का है और बैंक की पालिसी है कि...

पण्डित जी : मैं पालिसी-वालिसी कुछ नहीं जानता...बैंक पंजाबियों का है या बंगालियों का, सिक्खों का है या मरहटों का...है तो हिन्दुस्तानी बैंक! और हर हिन्दुस्तानी चीज़ पर हर हिन्दुस्तानी का बराबर का हक़ है।

सरदूलसिंह : वह तो आप ठीक कहते हैं। लेकिन सब लोग तो आपकी तरह नहीं सोचते। फिर भी, जैसा मैंने कहा है, मैं पूरी कोशिश करूँगा...

पण्डित जी : कोशिश नहीं सरदूलसिंह, तुम्हें यह काम करना है—और हर हालत में करना है। बैंक की नौकरियाँ रोज़-रोज़ नहीं निकलतीं और निठ्ठले लौंडे का क्या ठिकाना, कल को बुरी संगत में पड़ गया तो लेने के देने पड़ जाएँगे।

सरदूलसिंह : **वह मैं अच्छी तरह समझता हूँ पण्डित जी! खैर, यह तो बताइए इस फ़सादी इलाक़े में आप आए कैसे?**

पण्डित जी : **तुम कैसे आते हो?**

सरदूलसिंह : **पुलिस की हिफ़ाज़त में। जीप में बैठकर...**

पण्डित जी : **मैं तो भाई पाँव-पाँव चला आया—और सच्ची बात तो यह है सरदूलसिंह कि आदमी के दिल**

में चोर न हो तो उसे किसी बात का खटका नहीं होता।

सरदूलसिंह : तो क्या आप यह कहना चाहते हैं कि मेरे दिल में चोर है?

पण्डित जी : भगवान न करे। लेकिन इधर जब से ख़ालिस्तान की हवा चली है, लोग तुम जैसे सच्चे सरदारों पर भी संदेह करने लगे हैं, जैसे पाकिस्तान बनने से पहले सभी मुसलमानों पर संदेह करने लगे थे।

सरदूलसिंह : वह तो पण्डित जी अंग्रेज़ों की सोची-समझी चाल और शरारत थी, यह ख़ालिस्तान का नारा तो चंद सिर-फिरे लोगों की बचकाना हरकत के सिवा कुछ नहीं, जो हवाई जहाज़ उड़ा ले जाने से शुरू हुई और उनके पकड़े जाने पर समझिये कि ख़त्म हो गई।

पण्डित जी : ऐसा मत समझो सरदूलसिंह! इस तरह की जो लहर एक बार उठती है, वह इतनी जल्दी और इतनी आसानी से ख़त्म नहीं होती; जबकि उसके लिए बाहरी शक्तियों से धन भी मिल रहा हो।

सरदूलसिंह : ऐसा मैंने भी सुना है कि इसके पीछे अमरीका

वगैरह देशों का हाथ है अगर यह सच है पण्डित जी तो हम गुरुगोविंद सिंह के सिक्खों के लिए यह बहुत बड़े कलंक की बात है... (तभी सड़क की ओर खुली खिड़की में से जुलूस के गुज़रने की आवाज़ें आती हैं। इन आवाज़ों में—'नारा-ए-तकबीर—अल्लाह हू अकबर' और 'हिन्दुस्तान हाय-हाय' के नारे भी गूँजते हैं। ये आवाज़ें सुनकर सरदूलसिंह और पण्डित जो एक-दूसरे की ओर अर्थपूर्ण नज़रों से देखते हैं और बिना एक-दूसरे से कुछ कहे कुर्सियों पर से उठकर खिड़की पर जा खड़े होते हैं। अब लाठी चार्ज और अश्रु-गैस के गोले फटने की आवाज़ें भी आने लगती हैं। इसी बीच बैंक का बावर्दी चपरासी मेज़ पर से चाय की प्याली उठाकर जाने लगता है कि दरवाज़े में से प्रवेश कर रहे सेठ धर्मदास से टकरा जाता है। चाय की प्याली चपरासी के हाथ से गिरकर टूट जाती है। इस छनाके की आवाज़ पर मैनेजर और पण्डित जी घूमकर देखते हैं। चपरासी फ़र्श पर गिरी किर्चियाँ चुनता है)

धर्मदास : (बौखलाई हुई आवाज़ में) **लुट गयो, सरदूलसिंह जी मैं बर्बाद हो गयो जी।**

(धम से कुर्सी पर बैठ जाता है)

सरदूलसिंह : (परेशान आवाज़ में) **क्या हुआ सेठजी... आप...**

धर्मदास : **पुलिस को खबर करो जी—फौरन पुलिस को खबर करो जी।**

सरदूलसिंह : (फ़ोन का चोंगा उठाकर) **लेकिन कुछ बताइए तो सेठजी, आख़िर हुआ क्या है?**

धर्मदास : **वही जो इस शहर में हो रयो। जी—लूट-खसूट जी, मार-धाड़ जी। अभी-अभी जो मैंने दस हज़ार को चैक कैश करायो था नो जी, उसकी रकम चली गयी जी। भीड़ की धकोपेल में अभी गाड़ी तक भी नहीं पहुँचो था जी कि कोई गुंडों मेरो बैग छीन कर भाग गयो जी।**

सरदूलसिंह : **इसीलिए मैंने कहा था सेठजी, इतनी बड़ी रक़म न निकलवाइए—ज़माना ख़राब है।**

धर्मदास : **तुम पुलिस को खबर करो जी। सायद वह बदमास मिल जाए जी।**

सरदूलसिंह : (नम्बर डायल करते हुए) **कोई हिन्दू था सेठजी या कोई मुसलमान...**

पण्डित जी : **तुम भी क्या बच्चों जैसी बात करते हो सरदूलसिंह! गुंडों ओर बदमाशों का भी कोई धर्म होता है** (सेठजी की नक़ल में) **क्यों जी!**

सरदूलसिंह : (फ़ोन पर) **ओ हैलो—देखिये, मैं सीतल बैंक से बोल रहा हूँ। जी हाँ, हादसा ही हुआ है। आप फ़ौरन कुमक भेजिए...दो सज्जनों को इलाक़े से निकालना भी है...**

पण्डित जी : **तुम मेरी चिन्ता न करो सरदूलसिंह, मैं खुद ही निकल जाऊँगा।**

सरदूलसिंह : (चोंगा रखकर) **नहीं पण्डित जी, फ़ज़ा बड़ी ख़राब चल रही है।**

पण्डित जी : (सेठजी की ओर देखकर) **जो जैसी बोता है जी, वैसा काटता है जी।**

(कहते हुए दरवाज़े की ओर बढ़ते हैं। दरवाज़े पर पलट कर कहते हैं)

देखो, इस हँगामे में मेरा वह काम न भूलना।

सरदूलसिंह : **मुझे याद है पण्डित जी! वाहगुरु ने चाहा तो ज़रूर हो जाएगा। लेकिन मैं एक बार फिर आपसे कहता हूँ...**

पण्डित जी : (बात काटकर) **सतसरी अकाल!**

(कहकर दरवाज़े से निकल जाते हैं—मैनेजर और धर्मदास एक-दूसरे की ओर देखते हैं—पर्दा बड़ी तेज़ी से गिरता है)

तीसरा दृश्य

[पर्दा बड़ी तेज़ी से उठता है। मिर्ज़ा जी का घर। पण्डित जी के घर की ही तरह एक ओर घर के बाहर की दीवार है, जिसमें दरवाज़ा है और दरवाज़े पर फटा-पुराना बोरिया लटक रहा है। कमरे का सामान सदियों पुराना लगता है। बड़े से पलँग पर जमाल पड़ा कराह रहा है। उसके माथे पर पट्टी बँधी है। कपड़े फटे हुए हैं। उसकी माँ यानी मिर्ज़ा जी की पत्नी पलंग पर उसके पास बैठी गर्म पानी की बोतल से उसका कँधा सेंक रही है। जमाल इस पूरे दृश्य में रह-रहकर कराहता रहता है]

जमाल : (अपनी कमर में हाथ दिए कराहते हुए) **हाय-हाय, मर गया अम्मा, मैं मर गया...**

बेगम : **ऐ मरें तेरे दुश्मन। अल्लाह गारत करे उनको। सुबह देखनी नसीब न हो।**

जमाल : (अपनी पीठ को ओर हाथ ले जाते हुए) **हाय, यहाँ पीठ पर भी लगी है अम्मा...**

बेगम : (बोतल से पीठ सेंकते हुए) **सेंक तो रही हूँ बेटा, बताओ और क्या करूँ! मैं कहती हूँ, तू ऐसे बखेड़ों में पड़ता ही क्यों है—क्यों गया था वहाँ?**

जमाल : **आय-हाय, मैं तो अम्मा मामूँ जान के यहाँ जा रहा था। मुझे तो मालूम भी नहीं था कि आज कोई जुलूस निकलने वाला है...**

बेगम : **जलसे-जुलूस तो तुम जानते हो बेटा, आज कल रोज़ यहाँ निकलते ही रहते हैं। लाठियाँ और गोलियाँ चलती हैं।**

जमाल : (दाईं टाँग का घुटना दबाते हुए) **आय-हाय यहाँ घुटने पर भी अम्मा!**

बेगम : **हाय अल्लाह! ज़ालिमों ने कैसा धुनक के रख दिया मेरे फूल से बेटे को। मासूम बे-गुनाहों पर डण्डे बरसाते उन्हें खुदा का भी ख़ौफ़ नहीं आता।**

मिर्ज़ा जी : (दरवाज़े का बोरिया हटाकर अंदर आते हुए) **वह तो मैं पहले से जानता था—साहिबज़ादे एक दिन ज़रूर कोई गुल खिलाएँगे—अपनी**

हड्डियाँ तुड़वाएँगे। जो औलाद बड़ों के कहने-सुनने में नहीं आती, उसका यही हश्र होता है–देख ली अपने लाडले की करतूत!

बेगम : ऐ तुम तो हर वक्त तीर-तुफंग ताने रहते हो। वक्त बे-वक्त तो देख लिया करो। देखते नहीं लड़का किस बुरी तरह तड़प रहा है।

जमाल : हाय-हाय।

मिर्ज़ा जी : अपने किए की सज़ा पा रहा है। मैं क्या कर सकता हूँ।

बेगम : नहीं कर सकते तो यहाँ क्या करने आए हो–जाओ, जाकर अपने प्यारों के गले में बहियाँ डाल के चौसर और शतरंज खेलो...

मिर्ज़ा जी : पूछने आया हूँ कि इस नालायक़ को क्या इसीलिए पाल-पोस कर इतना बड़ा किया था कि बाप-दादा का नाम डुबा के रख दे। कालिख मल दे उनके मुँह पर...

जमाल : (उसी तरह कराहते हुए) मैंने क्या किया है अब्बा जान?

मिर्ज़ा जी : तो अभी जनाब ने कुछ किया ही नहीं। अपनी यह हालत देख रहे हो?

जमाल : जी हाँ, देख रहा हूँ।

मिर्ज़ा जी : फिर भी पूछ रहे हो कि तुमने क्या किया है। तुमने वह किया है जो किसी शरीफ़ घर का लड़का नहीं करता। गुण्डों के साथ मिल कर तुमने हुकूमत और मुल्क के ख़िलाफ़ नारे लगाए हैं। पुलिस पर पत्थर फैंके हैं...

जमाल : नहीं अब्बा जान, मैंने कुछ नहीं किया। मैं तो बस एक तरफ़ खड़ा था।

मिर्ज़ा जी : तो फिर तुम वहाँ गए क्या करने थे?

जमाल : जी मैं मामूँ जान के यहाँ जा रहा था।

मिर्ज़ा जी : किसी दूसरे रास्ते से नहीं जा सकते थे?

जमाल : जा सकता था अब्बा जान, लेकिन तमाशा देखने के लिए रुक गया।

मिर्ज़ा जी : (चीख़ कर) तमाशा! तो हुज़ूर के ख़याल में वह तमाशा हो रहा था। लोग बाग़ियाना नारे लगा रहे थे। इस्लाम के नाम पर थूक रहे थे और तुम कहते हो कि तमाशा हो रहा था...

बेगम : देखो जी, मज़हब का नाम बीच में न लाओ। अब यहाँ न हम रह सकते हैं न हमारा मज़हब। सीधी और साफ़ बात है–डेरा डंडा उठाओ और चलो पाकिस्तान...

मिर्ज़ा जी : और वहाँ जाते ही शिया-सुन्नियों के झगड़े

में बेमौत मारे जाओ। फिर पाकिस्तान क्या तुम्हारे मरहूम बाप की जागीर है–अरी बेगम, जिस सरज़मीन में बाप दादों की हड्डियाँ दफ़्न हैं, जहाँ की मिट्टी में खेल-कूद कर जवान और फिर बूढ़े हुए, तुम उस धरती को कोसती हो...

बेगम : धरती की नहीं, मैं बुज़ुर्गों के मज़हब की बात करती हूँ।

मिर्ज़ा जी : बुरा न मानना बेगम! बुज़ुर्गों का यह कैसा मज़हब है जो जानवरों के इशारे पर चलने लगा है। वह नापाक सूअर अगर गंदगी में मुँह मारते-मारते ईदगाह की तरफ़ निकल आया था तो मार के भगा देते, कोई बमबार हवाई जहाज़ तो नहीं घुस आया था जो ऐसा बावेला मचा दिया...

(तभी दरवाज़े का बोरिया एक ओर हटाकर घबराई हुई पण्डितायन प्रवेश करती है और दरवाज़े के पास खड़े मिर्ज़ा जी से टकरा जाती है)

पण्डितायन : माफ़ कीजिएगा मिर्ज़ा जी। जमाल कहाँ है? मैंने सुना है...

मिर्ज़ा जी : (जमाल की तरफ़ इशारा करके) वह बैठा है मरदूद–हड्डियाँ तुड़वा के। (पण्डितायन आगे

बढ़कर जमाल के सिर पर हाथ फेरते हुए कहती है)

पण्डितायन : **हैं-हैं, मारने वालों के हाथ टूटें। तुम बेटे, ऐसे घमासान में गए ही क्यों थे?**

(मिर्ज़ा जी मूढ़ा सरकाकर चारपाई के पास कर देते हैं। पण्डितायन मूढ़े पर बैठ जाती है)

बेगम : (पण्डितायन का वाक्य समाप्त होते ही गुस्से से) **रहने दो बहन, ऐसे चोंचले हमें अच्छे नहीं लगते।**

पण्डितायन : (हैरानी से) **चोंचले! कैसे चोंचले?**

बेगम : **चोंचले नहीं तो और क्या! हम लोग तो तुम्हारी आँख का काँटा हो गए।**

पण्डितायन : (मिर्ज़ा जी से शिकायती स्वर में) **यह मिर्जा जी, आज बहन को क्या हो गया है?**

मिर्ज़ा जी : **पागल हो गई है। जबसे तुम्हारे यहाँ से आया हूँ, यह इसी तरह वाही-तबाही बक रही है। इस पर लौंडा हड्डियाँ तुड़वा लाया है।**

बेगम : **वह तो मैंने ज़बरदस्ती मिर्ज़ा जी को भेजा था, वर्ना जूती जाती थी इनकी तुम्हारे यहाँ।**

पण्डितायन : **जूती जाती थी तो खुद क्यों तशरीफ ले आए!**

बेगम : सोचा, कुछ तरह-मेहर होगा तुम लोगों में—और नहीं तो आँख की शर्म ही होगी।

पण्डितायन : (उठते हुए भड़ककर) नहीं जी, नहीं है हमें आँख-वाँख की शर्म। ढल गया है हमारी आँख का पानी।

मिर्ज़ा जी : क्यों नाहक़ भाभी को इल्ज़ाम देती हो बेगम! हमारी क़िस्मत में जो लिखा है, इसे ये थोड़े ही बदल सकते हैं।

बेगम : आप ही बड़े इतराते फिरते थे। बड़ा नाज़ था आपको पण्डित जी की दोस्ती पर। जब तक चार चक्कर नहीं लगा लेते थे, खाना हज़म नहीं होता था—अब देख लिया तमाशा!

पण्डितायन : जी हाँ, हमारे घर में तो हर वक्त खेल-तमाशे होते हैं। भांड-भड़भूंजे हैं हम लोग!

मिर्ज़ा जी : (गुस्से से) मैं तुमसे कहता हूँ बेगम, ख़ामोश हो जाओ।

बेगम : क्यों ख़ामोश हो जाऊँ! आपकी कोई कल दबती होगी इनके आगे। मैं किसी के यहाँ खाने नहीं जाती।

पण्डितायन : तुम नहीं जातीं तो हम तो तुम्हारे यहाँ रोज़ टुकड़े तोड़ने आ जाते हैं। तुम ऐसी गुड़ हो कि मक्खियाँ खाएँ!

मिर्ज़ा जी : भाभी! तुम भी ज़रा ख़ामोश हो जाओ। इसका तो दिमाग़ चल गया है।

बेगम : हाँ-हाँ मेरा दिमाग़ चल गया है। सच बात कहने वाले का हमेशा दिमाग़ चल जाता है। मुझे तुम्हारी तरह लगाई-बुझाई नहीं आती कि अगला तो पेट पर लात मारे और तुम मुँह में घुँघनिया डाले पड़े रहो।

पण्डितायन : जी हाँ, बड़ी लात मार दी है ना, हमने तुम्हारे पेट पर!

बेगम : और नहीं तो क्या। लड़का बेचारा किन-किन जतनों से आसामी की ख़बर लाया। मिर्ज़ा जी खुद तुम्हारे यहाँ जाकर गिड़गिड़ाए, लेकिन तुम लोगों में इतनी कद्र-दीद न हुई कि...

मिर्ज़ा जी : मैं फिर कहता हूँ बेगम, ख़ामोश हो जाओ वर्ना मैं अभी मुँह काला करके घर से निकल जाऊँगा।

बेगम : ऐ वाह! मुँह काला करें हमारे दुश्मन। वो करें जो किसी को रोटी खाते नहीं देख सुहाते।

मिर्ज़ा जी : (और भी गुस्से से) मैं कहता हूँ बेगम, ख़ामोश हो जाओ।

बेगम : **क्या ख़ामोश हो जाऊँ। मैं किसी की दबैल नहीं हूँ। मेरा तो कलेजा मुँह को आ रहा है। छाती फट रही है मेरी।**

पण्डितायन : **लो बहना हम ही जाते हैं तुम्हारे घर से। जितना नहाए उतना पुन्न।**

(दरवाज़े की ओर बढ़ती है)

मिर्ज़ा जी : **भाभी! भाभी मेरी बात तो सुनो...**

पण्डितायन : (पलटकर) **क्या सुनूँ मिर्ज़ा जी! इससे ज़्यादा और क्या सुनवाइएगा।**

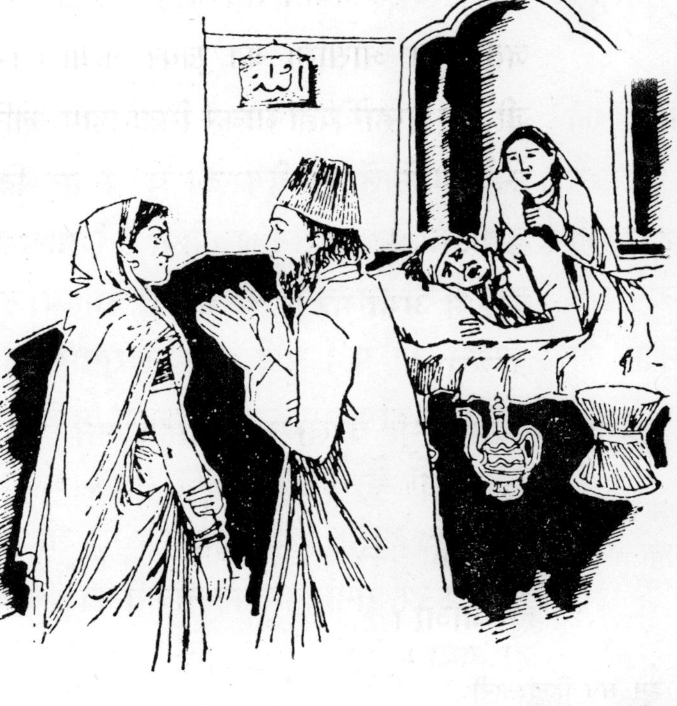

(फिर दरवाज़े की ओर बढ़ती है)

मिर्ज़ा जी : **रोको...बेगम! मैं कहता हूँ भाभी को रोको।**

(तभी दरवाज़े के बाहर बैंक का वर्दीधारी चपरासी आकर दरवाजे की कुण्डी खड़खड़ाता है)

मिर्ज़ा जी : (आगे बढ़कर) **तुम, भाभी ज़रा आड़ में हो जाओ। देखूँ बाहर कौन है!**

(बोरिया हटाकर दरवाज़ा खोलते हैं)

मिर्ज़ा जी : (चपरासी से) **क्या बात है भाई?**

चपरासी : **मिर्ज़ा अशरफुल्लाह बेग का मकान यही है क्या?**

मिर्ज़ा जी : **जी हाँ फ़रमाइये आप कहाँ से तशरीफ़ लाए हैं।**

चपरासी : **मिर्ज़ा जमालुद्दीन बेग को बुलवाया है।**

मिर्ज़ा जी : **बुलवाया है! किसने बुलवाया है जमाल को?**

चपरासी : **हमारे–सीतल बैंक के मैनेजर साहब ने।**

मिर्ज़ा जी : **जमाल को नहीं भाई, उन्होंने रामावतार को बुलवाया होगा** (एक ओर इशारा करके) **उधर उस गली में है घर उनका** (फिर अंदर की ओर मुँह करके ऊँची आवाज़ में) **लो भाभी मुबारक हो, रामावतार की नौकरी का बन्दोबस्त हो गया।**

चपरासी : जी नहीं, मिर्ज़ा जमालुद्दीन बेग को बुलवाया है मिर्ज़ा अशरफुल्लाह बेग़ के मकान से।

मिर्ज़ा जी : मिर्ज़ा अशरफुल्लाह बेग के मकान से! मकान का पता किसने दिया था?

चपरासी : नाम तो मैं उनका नहीं जानता। हाँ मनेजर साब उन्हें पण्डित जी–पण्डित जी कहकर बात कर रहे थे।

मिर्ज़ा जी : **पण्डित जी! पण्डित भगवती प्रसाद!** (पलटकर कमरे में आते हुए) **बेगम! ग़ज़ब हो गया। भाभी! बिल्कुल गज़ब हो गया।**

[बौखलाए हुए मिर्ज़ा जी, भन्नाई हुई पण्डितायन, शर्म से सर झुकाए बेगम और हैरान होकर चारपाई से उठता हुआ जमाल]

(पर्दा धीरे-धीरे गिरता है)

❑❑❑